JN437139

바람의 눈

바람의 눈

박시영 시집

문학들

시인의 말

나를 다녀간
내 안과 밖의 스승들이
이 시집을 이루었다
감사를 드린다

시는 끝내
아픈 자리에서라야
제 안의 그리움을
풀어놓을 것이다
한 순간의 풍경들
욕망의 듬새를 시나
더 멀리 가보려는
길의 흔적이
내 시의 얼굴이지 않을까

2013년 봄
박시영

차례

제1부

제2부

제3부

제4부

제1부

찬바람 길

두꺼운 겨울 잿빛 하늘
헐벗은 나무들 하늘에 박혀 있다

차갑게 언 푸르스름한 공기 속
부부는 말없이 걷고 있다

저마다 생각에 잠겨 있는 틈새로
물소리 바람 소리가 들린다

짧은 대화, 바람에 섞여 흩어진다

부부 앞에 놓인 무감한 시간
창틀 위 먼지처럼 쌓여 간다

겨울 문턱을 넘어오는 찬바람
두 뺨에 맞으며 아직도 부부는 걷고 있다

먼 길을 돌아보는지
진홍빛 머플러가 새처럼 바둥거린다

이사

여덟 살이 되던 해, 산그늘 아래 살던 우리 집은 선창가 동네로 이사를 갔다. 동네 조무래기들은 선창가 왜인倭人이 살던 큰 집으로 이사하는 나를 부러워했다. 다다미 깔린 거실을 빙 돌아 좁은 복도가 끝없이 이어지던 그 집은 비단 기모노 입은 왜인이 금방이라도 게다짝을 신고 나타날 것만 같았다

철제 대문을 들어서면 오른편으로 진초록 창고가 보인다. 항구로 실어나를 쌀가마니를 저장해 두었음직한 창고다. 본체 앞마당 잔디 사이 듬성듬성 놓인 징검돌을 건너면 대추나무 아래 작은 연못의 청록색 물살이 수런거린다. 돌배나무 무화과나무 사과나무 대추나무 포도넝쿨 어우러진 잎 그늘 서늘한 일본식 정원

여름의 끝 무렵, 울창한 유실수 그늘 아래를 뛰어다닌다. 정원의 나뭇잎을 흔드는 바람이 가슴을 뚫고 지나간다. 연못의 붉은 물고기 지느러미 따라 내 몸이 흔들린다. 목재 미닫이창을 열고 복도에 걸터앉아 바닥에

닿지 않는 두 발을 앞뒤로 연신 흔들어본다. 선창가 일본집, 푸른 기억 속으로 지금도 이사를 간다

비는 깊어진 바람을 거느리고

나뭇잎 두드리는 빗소리 들으며
가파른 산의 등허리를 밟는다
가슴 부위에 따뜻한 짐승이 있어
팔딱거리는 숨소리 안고 말없이 산을 오른다
자줏빛 물봉선의 군락지 건너
허브 향 짙은 나무 곁을 지난다
제 삶의 냄새를 피우던 얼굴들
가을비에 깊어진 바람 사이로 달음질쳐 몰려간다
폐부 깊숙이 젖은 산 냄새가 번진다
젖은 땀, 톡 쏘듯 식히는 바람에게서
미세한 겨울 냄새가 배어나온다
손에 잡힐 듯 익숙한 냄새다
비 젖은 바위의 뺨을 치는
골 깊은 계곡에 갇힌 바람의 울음소리
지난겨울 얼음의 기억들 피워 올리며
말없이 산에 오른다
거기 산이 주름을 펼치는 곳에 서면
저마다 안고 온 짐승이 헐떡이며 숨을 고른다

마당바위 아래 펼쳐져 있는 운무
발톱 순한 백룡이 능선 위로 승천하고 있다
비로소 산 아래 기억들도 백룡 되는지
비는 한층 깊어진 바람 거느리고
마당바위 빙 둘러 사열하고 있다

바람의 눈

개이지 않은 날씨
오늘은 물기 젖은 바람이 분다
아비는 치매가 들어
하릴없이 바짓단을 자르고
어미는 백내장의 눈 껌벅이며
가난한 세월에 젖는다
나뭇가지가 흔들린다
섬을 휩쓸며 북상하는
바람의 눈이 마을을 덮친다
길들여지지 않는
저 날선 영혼의 춤
울컥울컥 목멘 듯 춤을 춘다
측백나무 머리카락들
불불이 일어선다
병든 잎사귀들 쏟아진다
부러진 잔가지
흩뿌려진 나뭇잎들
바람의 눈이 지나간 자리

나뭇잎들 토해 놓은
초록 통증 더욱 선명하다

열려 있는 창

낡은 원룸이 비에 젖고 있다
창살 너머 빠금히 열려 있는 창
그의 비 내리는 휴일을 생각한다

버스 정류장 노선표를 들여다보다가
혼자 사는 익명의 그가
훌쩍 떠날 도시를 떠올린다

돌아가야 할 방처럼 익숙한 저 방의 벽지
오래전, 어떤 문양을 그려두고 떠나 왔는가

그때, 불빛 희미한 거리
단칸방으로 귀가하는 나의 걸음은 빨랐고
사슬을 끌듯 검은 계단을 밟았다

간혹 바람이 계단 위를 뒹군다
–창문을 열어주렴, 구석진 곳에서 독한 술로
 너와 내 몸을 데울 수도 있을 거야

아직 닫히지 않은 허름한 원룸의 창
모나고 금 간 마음들이
미래를 두려워하던 가난한 영혼의
안식처였다, 달빛에 그림자가 커지는 밤이여

골목

한낮의 여름 햇살이 빌딩 유리벽에 칼날을 간다. 나는 큰 도로를 걷고 있다. 파리바케트 아주커치킨집을 지나 몇 발자국 앞에 뼈다귀 해장국집이 보인다. 짓무른 아스팔트 열기가 물컹 발바닥에 옮겨온다

순간, 아직 데워지지 않은 새벽바람 불어오던 골목길이 생각난다. 마음은 골목으로 들어선다. 한참 낮잠에 취해 있는 골목을 젖은 눈망울로 핥는다. 두 귀를 쫑긋 세우고 시간의 징검돌을 천천히 밟는다.

골목의 푸른 이끼에 코를 부비고, 벽돌담 사이 저 혼자 뿌리 내리고 있는 환삼 넝쿨을 건드렸다. 고인 물속 같다는 의문이 생겼지만 내가 어슬렁거려 골목이 더욱 아름답다고 믿었다. 주린 속을 흔드는 음식물 냄새에 침을 삼키면서도 쓰레기봉투는 외면했다. 아무 데서나 봉투를 찢는 도둑고양이와 비교될 수는 없었다. 가로등 불빛 아래에서 몸속 진액을 흘려 만든 체취를 찾아 영토를 확인하곤 했다. 골목은 몇 번의 털갈이를 하는 나를 키워냈다

나는 컹컹 짖으며 큰 도로를 지나 골목으로 힘차게 들어선다. 내 뒤로 뼈다귀 해장국집이 성큼성큼 따라오고 있다. 뒷발에 힘을 주어 달려본다

만화책

수틀리면 발길질하던 작은오빠 여름방학에 집에 내려오면 함께 있기를 피했지만 간혹 기다려질 때도 있었는데 두 팔 가득 안고 오는 만화책 때문. 구슬이 둘 담긴 커다란 네모 눈에 턱선이 갸름한 송순희 만화나 머리를 양갈래 캔디처럼 묶은 엄희자 만화를 은근 기다렸지. 오빠는 늘 혁형사 독고탁 쟈니덩 시리즈를 빌려오곤 했어도 나는 소재 불문하고 밤을 새워 읽었지. 가끔씩 해외공연이 많은 피아니스트 엄마를 둔 쓸쓸한 아이가 나오는 엄희자 만화를 들고 오는 날도 있었는데 그런 날은 오빠가 날 생각해서 일부러 빌려왔다는 생각이 이제야 들기도 하는 것이다. 가족 밖에서 가족을 찾던 작은오빠, 그 시절 따뜻한 외투 한 벌은 가졌던 것인지

이정표 없는 집

미개발지역 공터에
바람막이 집 한 채 서 있네

흐린 백열등 아래
아버지, 무릎 접고 앉아 계시네
온종일 구름 연기 피워 올리시네

부엌문 새로 어머니
식은 구들에 연탄불 피우시네
이정표도 없이
매운 연기 가득한 집
콜록콜록 기침을 하네

집 밖의 어둠, 저 혼자
길을 내고 있는 줄 모르는 채
어머니, 식구들 피 묻은 옷
혼자 빨고 계시네
길 없는 진흙을 밟으며 걸어 들어가네

공터에 내리는 눈발처럼

식솔들을 거느리지 않은 공터에도
잎을 가지고 있지 않은 나무 위에도
사랑의 눈발은 내려 쌓인다

속도를 따라잡듯 흰 갈기를 휘날리며
어둠 지나 쉼 없이 동트는 시간 달려온
흰말의 유목민들, 어디에 도달하려는 것인지

악기를 켜고 라사의 하늘 밑을 지나
우즈베크의 긴 평원을 가로질러
스러져가는 것을 위한 집시의 노래 부르는 것인지

반복되는 눈발의 리듬은
눈먼 영혼을 멀리 데려가고
한 떼의 무리들은 날나리를 부른다

바람 불어 공명통을 흔드는 음악처럼
눈발만이 긴 경계를 지운다

바람이 와서 짓고 가는 집에 잠시 들른
구름이나 눈발 같은 손님이라도 오시려는지

발이 부르터 있구나

바람의 날개에 탑승하거나 이곳 거주민이 아닌 듯
햇살 속에서도 정처 없는
먼지는 어디에 그의 부리를 파묻나

빈 통을 흔들고 지나가는 바람 한 줄기

이 계절의 언어에 속해 있지 않은
가벼움이야 구름까지 닿겠지만

대지에 적응하지 못하는 구름인 듯
하늘은 높고 가을로 물드는 잎사귀의 영혼

너희는 늘 뿌리가 없어 발이 부르터 있구나

구석진 곳에서 밥을 먹고 추운 계절을 나면서도
평화공원의 하늘 아래를 거닐고 있지

지붕 없는 집에 웅크리고

지상의 버려진 귀퉁이에서 살아남아도
우는 방법을 모르지
슬픔이 어디에서 오는지도

토닥토닥

시는 구원이며 힘이다 라는
죽은 시인의 말을 곰곰 생각하다가

어쩌면 시는 호흡이지 않나 하고 의심해본다
들숨이고 날숨인 근육운동이지 않나

문의 나라 물고기는 빗살무늬 근육으로 문장을 호흡한다지

짧은 지느러미로는 바다를 유영하지 못하고 희미한 옆줄로는 물의 흐름 읽어내지 못하지

광주리마다 싱싱한 문장을 헌납하는
말의 허공으로 집을 지으려는 당신, 가엾어라
여린 촉수 더듬어 손톱만큼 넓혀가는 독백의 영토, 가엾어라

시는 구름을 떠나온 비와 같지

말들이 토닥토닥 땅을 두드리는 밤

사소하게 비는 내리고
통 통 뛸지도 모르지

'와, 주세요' 씨의 서랍

문자 메시지가 뜬다
급, 만나고 싶어요
와, 주세요

저녁 식탁을 사이에 두고
와, 주세요 씨가 내 앞에서 제 서랍을 연다

돈이, 불륜이, 고독이, 튀어나온다
맥주병이 엎질러진다

아득한 옛날
사춘기를 앞둔
욕심 많은 아이가 넘어진다

내 서랍도 조금씩 열린다
집에 돌아오니 내 서랍이 반쯤 열려 있다

양육과 부양의 코르셋을 껴입은 결혼사진

깨진 벽돌을 동여맨 붕대
세월의 땀을 닦아낸 손수건

징검돌이거나 길가 꽃이었을
서랍 속 마른 내용물들 쓰레기통에 버린다

와, 주세요 씨의
우편함은 아직 비어 있을까

루시의 쇼핑

오늘 하루 먹잇감을 마련해야지
어색한 직립보행을 하는 루시가
엉덩이를 뒤룩거린다

앞치마에 피를 묻힌 사내가
온종일 죽은 동물의 살을 만지는 곳
뼈와 기름을 발라낸 고깃덩어리 한 점
검은 비닐봉지에 주워담는다

동굴 속에서 이빨을 쑤시던 루시
클릭 한 번으로 사냥감이 배달되는 화면 속에서
내일분의 허기를 채우기 위해
바구니 가득 먹잇감을 사냥한다

세련된 자아를 표현하고 싶은 루시
선명한 나뭇잎 몇 장도 클릭해본다

모두가 사냥 중인 들판이 홀로 저문다
너른 초원에 루시 혼자 남아 있다

겨울의 끝자락

복도 끝 유리창 너머 잔설 덮인
산동네 풍경 내려다보인다

사각의 풍경 모서리 검은 바위처럼
그녀는 몇 시간째 통화 중이다

무심코 그녀 곁을 지나다 듣는
자진모리 휘모리장단
–오빠가 내게 이렇게까지 할 수 있어
진양조로 바뀐 음성이 흐느낀다

기차가 떠나버린 대합실
아그네스 발차*의 애절한 리듬이
망망대해에 낱장의 꽃잎으로 흩어진다

생애 처음의 배반일지도 모를
동동거림의 발자국
복도를 길게 공명시킨다

* '기차는 8시에 떠나네'를 부른 가수

흰 새

겨울나무 지나 먼 마을로 떠나는 새
고통의 날갯짓 속에 무엇을 품고 가는지

선홍빛 부리로 젖어 우는 어린 것
야윈 몸의 체온 덜어 온기 나누더니

차가운 둥지 속 맨발의 어린 새끼들
가슴의 털 뽑아 품어 기르더니

고단한 삶, 그 질긴 흔적의 날개를 펼쳐
까무룩이 멀어져 가시는가

깃 고운 흰 새 날아간 뒤
빈 둥지 덩그렇게 남은 겨울나무

해 질 녘, 발아래 땅들 가만히 무너지는데

어릴 적 따뜻한 젖무덤 사이
철없이 새움 틔우는 붉은 흙으로 오시려는지

제2부

밤 갯벌

별의 가장 아픈 곳인지 모른다

수만 년 물질에 너덜거리는
질척한 바닥의 연한 물컹거림

발길 닿는 곳마다 푹푹 무너지는
시간이 게워낸 검은 토사물이다

비릿한 몸 냄새 풍기며 뒤척이다가
여린 혓바닥 내밀어
사삭사삭 제 상처를 핥는다

우묵하고 질척한 별의 숨구멍

숨구멍마다 달빛 받아먹는 손으로
먼 곳 물길 끌어당겨 이불을 덮는다

가장 움푹 파인 상처 자국이
행성의 아픔을 말없이 위로한다

한 사람

사방이 캄캄한 산속
새벽바람이 흐른다, 돌아보지 않는다
오랫동안 사냥꾼에게 쫓긴 발톱은 피투성이다
이제 홀로 남은 짐승이다
갈참나무 잎사귀 서로 부딪는 소리
적요한 새벽어둠 응시하며
골똘히 담배 한 개비 그리운 짐승이다
죽음을 부르는 강물이 흐른다
서서히 몸을 담근다
돌아보지 말자
두려움 없이 날아오르자
나는 마침내 뛰어내린다
남아 있는 육신이 쿵 쿵
바위를 찧고 부서져 떨어진다
뼈마디 우두둑 부러지는 고통마저 친근하다
멀어져 가는 의식 속으로
박하 먹은 듯 시원한 기운이 느껴진다
살아 있는 동안 나를 지탱한 꿈마저 버리고

온몸 으스러지는 고통 속에서
얼굴은 서서히 평온해진다
이승에서 보낸 마지막 밤의 눈물
잠 못 이루던 날의 슬픔들
계곡의 새벽 물소리로 살아 흐른다

앵무를 키운다

멋진 깃털을 가지고도
앵무는 제대로 날지 못한다

창가 감옥 속 우두커니 앉아
지루한 햇살을 말벗 삼는다

한 줌 곡기로 때우듯 식사하고
햇살 속에 앉아 잠깐 쪽잠을 청한다

장기 위탁시설에 보낼 수도
집에서 돌볼 수도 없는

관절염 앓는 앵무, 세상을 향한
앵무의 유일한 창은 내 어깨다

전화 신호음이 어깨 위로 날아와 앉는다
병원 가셔야 된다고요, 시장 돌아보시고
싶다고요, 미용실 가시고 싶다고요

노모의 무거운 시계추
앵무의 세월을 왕복하고 있다

남도 석성*

작은 해변이 마을을 감싸고 있다
돌보지 않은 유적지, 성벽 돌무더기 사이
이무기가 되려는 늙은 바람이 살고 있다

바람은 잠들어 있는 시간을 일으켜 세운다
낮은 숨결로 살다 죽어간 자의 꿈들
흐린 날, 구렁이 울음소리로 떠돈다

병마로 죽어간 부역자의 부르튼 손발이며
성루를 지키는 삼별초군의 언 발자국도
오늘 채마밭에 앉아 있는 햇빛 속에 섞인다

성안의 퇴색된 새마을 회관
낡은 스레트 지붕의 가난한 고요들이
누대에 걸쳐 유적을 이룬 채 엎드려 있다

허물어져 가는 돌담 사이사이
석성을 지켜온 바람은 겹으로 흘러

남루한 세월의 층 휘돌아 비끼어간다

* 전남 완도군 임회면 남동리에 있는 성, 삼국시대 때부터 존재했고 삼별초가 몽골과 항쟁을 벌일 때 사용했던 성이다.

사랑법

팽나무 아래 식은 열매 쪼고 있는
맨발의 참새에게 인사를 한다

겨울 들판 잔설 사이 가지런히 늘어선
마른 벼 밑단에게도 따뜻한 인사를 한다

채마밭 파헤치는 야생 쥐떼들이나
식탐에 눈먼 돼지들에게 날 세운 인사를 한다

나의 인사는 이래도 되는 걸까

눈 덮인 잣나무 가끔씩 생각난 듯
몸에 겨운 눈덩이 부르르 털어낸다

조용히 때론 바람의 각에 따라 격렬하게
나는 잣나무에게 인사법을 묻는다

매미

아파트 베란다에 어떻게 들어왔을까

집 앞 느티나무 높이만큼 멀리 있던 매미
화분에 앉았다가 방충망에 달라붙는다

넓은 미간에 돌올하게 붙어 있는 녹두만한 눈
남성적인 사각의 얼굴
행여 날아갈까 조심스레 들여다본다

몸통을 감싸며 흘러내리는 투명한 날개
금방이라도 파르르 비상할 듯 팽팽한데

출구 없는 방충망에 달라붙어
이 여름밤, 어느 강을 건너는지 비틀거린다

그를 위해 가만 가만 방충망을 열어둔다
날카로운 울음 떨구고 휙, 날아간다

관광버스

마이크를 잡은 손, 놓지 않는다
한 무리의 늙은이들 몸 흔든다
종로에는 사과나무를 심어보자
바퀴는 지리산을 넘는다
늙음도 한때, 트로트 메들리가
막춤이 흐느낌으로 넘어간다
이승의 인연들에게 팔을 두르고
마지막 인사라도 하듯
시곗바늘 붙잡고 춤을 춘다
차창이 그들의 모습을 담아낸다
풀린 눈동자 아래 함부로 구겨진 옷
기쁨도 열정도 사그라진 오래된 얼굴들
흐느적거리는 어깨들
짧은 시간 서로 기댄다
종착지에 다다른 주름진 생이
어둠을 뚫고 달린다
별빛이 흐르는 다리를 건너
관광버스, 몇 개의 불빛을 달고

어둠의 경계로 달려 나간다
뒤따르는 조용한 어둠이
바큇자국의 설움을 지운다

세량리細良里

아이들 소리 끊긴 지 오래된 마을
흔한 슈퍼마켓도 보이지 않는다

모퉁이 헐린 돌담 안, 개 짖는
소리만 마을을 가로지른다

마을 어귀, 붉은 벽돌 경로당 건물
허리를 곧추세워 저 혼자 번쩍거린다

지팡이 짚은 실개천은
간신히 마을을 건너고 있다

굳게 닫힌 제각 옆
무성한 풀의 돌계단 오르면
아랫마을 내려 보았을 옛 기와집

무너지려는 기와 한사코 보듬은
기둥나무 검버섯 뼈대만 형형하다

남루한 가옥들 양지 쪽 드러누워
마음껏 하늘을 마시는데

난데없는 도로는 마을 허리 자르며
남도 끝으로 달아나고 있다

밤들어 켜켜이 포개진 아파트 불빛 속
세량리 흐린 불빛이 오버랩 된다

하의도

다도해의 바람이 연꽃 섬에 도달한다
긴 세월 연꽃 향 곁을 지켜온 듯
물기 먹은 바람이 살을 휘감는다

염전 둔덕에 핀 개망초 소리쟁이
물비늘 일렁이는 염전 위로
제 몸의 그늘 길게 드리운다

섬이 살아온 흔적인 듯
모래구미 해변 바위들, 파도의 너울에
닳은 흰 뼈만 살아 꿈틀거린다

반역의 핏줄을 키운 연꽃 섬
남도 끝 외딴 자리 지키고 있다
절박한 목숨 숨어들어 피땀으로 일군 땅
오랜 시간 항쟁*의 세월이 키워 낸
정신의 텃밭이런가

해당화 열매 고요히 제 색을 바래가고
분홍 자귀나무 꽃술 잘게 흔들릴 때
노을 속으로 속눈썹 떨며 다도해가 스며든다
뼛속 깊은 섬의 핏빛 그늘들 내려앉는다

* 선조의 부마 홍계원에서 하의도 농지가 증정된 후 만료 후에도 계속된 홍씨가의 조세 징수가 부른 삼백여 년의 농지 탈환 운동

바닷새

바닷속, 한 오라기 햇살 쫓아
수면 위로 뛰어 오르는 숭어

뛰어오를 때마다 여린 지느러미 속
눈썹만큼씩 날개 뼈 키웠으려나

갈매기 한 마리 바다 위를 선회한다
숭어, 바닷새로 솟아오른다

수면 위로 솟구치기까지, 지느러미에
날개 뼈 심는 고통쯤이야

허깨비 같은 몸짓으로
결국 바다 떠나지 못하는 바닷새

그 울음들이 오월 바다를
뿌리째 출렁거리고 있다

사금파리

아끼는 찻잔을 앞에 두고
거울을 닦듯 마주 앉아 차를 마신다

책상 위, 오른손 근처에
늘 놓여 있던 당신
발밑으로 떨어져 사금파리 된다

따뜻한 당신의 온기 바래지고 없다
너무 가까이 있어 방심한 죄라니

가로등 밑에 버려져 있던 사금파리
가로등 불빛 끊어내며 가슴에 박힌다

햇살이 사라진 골목길에
깊이 박힌 어둠 속 사금파리

삐딱한 눈초리로 나를 응시하며
칼날 입에 물고 내 맨발을 노린다

마지막 동행

열대야의 긴 밤
선풍기 한 대, 날갯짓을 반복한다
말없이 뒤척이는 일행의 이마 위로
미지근한 밤바람이 스친다

서로 다른 이유로 잠 못 드는 밤
몇은 울타리를 뛰어넘으려 하고
몇은 낡은 비애로 남아 있겠지

오래 함께 머물던 저수지 물
마지막 동행을 예감하듯
저마다 뜬눈의 밤은 너무 길다

터진 물길은 낯선 길 따라
돌아올 수 없이 한참을 흘러가는지도

차창 밖, 비 내리는 아침
표정 없는 승합차가 시동을 거는데

누군가 빗속으로 뛰어든다

영업 전 커피가게 문을 두드린다
잠시 후, 원두커피 향이
승합차의 일행을 감싸 안는다

위대한 침묵*

조조 프로 상영관 입구
온방 대신 무릎 담요가 놓여 있다

객석 주변 바람이 얼음 발을 주무른다

알프스 산 중턱 수도원
독방 수도승의 모습이
소리 없는 화면에 클로즈업 된다

긴 기도 끝낸 후, 소박한 식사 옆에
느린 정오의 햇살이 함께 앉아 있다

얼어붙은 객석에 웅크린 채 마주하는
화면 밖 관객들도 수도승이긴 마찬가지

수도원의 겨울이 화면을 빠져나간다

눈 덮인 알프스 카르투지오 시간들이

추위에 떠는 관객과 하나 된다

* 필립 그로닝 감독 작품, 해발 1,300미터 알프스 계곡 카르투지오 봉쇄 수도원의 일상을 담은 다큐멘터리 영화

같은 시간, 우리는

모래바람이 아프리카 국경을 넘어간다
눈을 뜨면 모래가 앞마당까지 몰려오고
옥수수 뿌리는 말라간다

매일 알을 슬어 번식하는 모래 구릉 사이로
어린 염소들의 울음소리 버려진다

베두인의 후예들은 재스민 꽃을 들고
거리로 거리로 몰려나온다

리비아 사막에 스미는 질척한 핏빛 향기
끝없는 모래폭풍이 구릉을 넘어간다

유라시아 넘어 유목의 꼬체비예가 사는 곳까지
길거리 버려진 음식 주변으로
제비처럼 날아드는 아이들이 보릿고개 넘어간다

우리는 주말, 차를 몰고 해변으로 간다

물살은 바위틈 사이에서 살랑거리고
햇살에 데워진 바위에 앉아
준비해 온 튀긴 닭을 뜯어먹는다

달빛

처음부터 햇빛을 꿈꿔온 것이 너의 죄목이었다. 차갑게 마른 분화구에서 오래도록 썩힌 가슴앓이를 내게 보내온 너. 네 시린 비명이 내게로 전해지는 밤, 바람도 전신주를 휘감으며 울부짖었다

시들하게 책장을 뒤적이며 듣는 낡아빠진 소설 같은 네 이야기에 흥미를 보인 건 아니었다. 내 마음이 안갯속을 헤매는 밤에는 상처 입은 네 가슴도 주위를 환하게 빛냈다

밤길 함께 걸으며 제대로 바라본 건 오늘이 처음이었다. 깊게 가라앉거나 높이 떠오르지 못하고 웃자란 욕망이 토해놓은 덫에 걸려 오래도록 썩은 네 가슴, 빛을 잃은 채 감옥에 갇혀 있다는 것을 이제야 알았다

햇빛을 꿈꾸다가 노을빛이나 흉내 내던 일조차 잊고, 넌 지금 검붉은 구름 속에 네 몸을 살며시 감추고 있다. 아무런 빛도 품지 않은 내 뒤를 도둑고양이처럼 슬금슬금 밟으면서

제3부

깊은 잠

조용한 동굴 속, 한 아이가 자란다
학교와 동굴이 세상의 전부인 아이
–뭐하고 지냈니?
–잠을 잤어요

어린 아들이 있었지요. 뇌사상태로 십여 년 누워 있다 갔어요. 내일이면 깨어나겠지 되뇌던 세월이 십 년이었죠. 그땐 모래가 쌓여 가는 줄도 몰랐어요. 아들 간 뒤 바삭한 모래가 줄줄 새어나왔어요. 깊이 잠들고 싶었어요. 남편은 바람에 나는 잠에 몸을 맡겼어요. 헤어진 후 새엄마에게서 자란 딸은 장애 증상을 보였지요. 학교에 가면 늘 옷이 젖어 돌아오는 아이를 데려와 키웠어요. 깨어나면 사막이지만 잠들면 편안했어요. 이젠 아주 깊은 잠을 기다리고 있지요

잠든 엄마 곁, 한 아이가 자란다
오랜 동굴 생활로 창백한 아이
–엄마는 뭐 하시니?
–자고 있어요

낙타를 지켜보는 달빛

낙타는 열 시간째 하얀 백지 위를 달리고 있다

형광등 불빛은 더욱 밝아지고
침 삼키는 소리마저 들리지 않는데
창밖의 달빛은 낙타를 오래도록 지켜보고 있다

올록볼록 하얀 구릉 위를 쉼 없이 건너가는
긴 앞발은 섬약한 더듬이다

둥근 봉은 마르지 않는 수원인 듯
사막을 횡단하는 발걸음 당당한데

거친 바람 속을 오래 걸어온 낙타의 속눈썹이 젖어
있다

먼 곳을 바라보는 눈동자
초점 없는 안구가 무심하게 흔들리더니

경쾌한 금속음이 낙타 주위를 내달린다
교실의 정적을 깨뜨리는
점자 답안을 찍는 점필의 발걸음 소리

낙타의 감은 속눈썹이 파르르 떨릴 때
수능시험장 밖의 달빛, 운동장을 배회한다

바람 부는 곳으로

금기를 모르는 넌 어디로부터 추락한 별이니
어디로 튈지 모르는 야생의 무서운 힘
오로지 감각에 몸을 기대고 있구나

–인터넷 채팅 속에 재밌는 세상이 있어요
–목욕 후에 가슴을 만져주면 가슴이 커진데요
–어젠 가출을 했어요

아무 데서 자면 안 돼
너의 열다섯이 상하잖아

–아이디를 여럿 가지고 있어요
–가슴을 크게 키우고 싶은 걸요
–집은 늘 지루해요

바람은 자꾸 불어오고
일주일째 너의 행방을 모르고
넌 바람 부는 쪽으로 자꾸만 몸을 맡기는구나

일곱 색 무지개

청년시절 시골 특수학교에서 함께 근무했던 심 선생, 우연히 교육방송에서 본다. 최고의 교사, 다큐프로 화면 속 그는 중년이 되어 있다. 자폐 학생들과 간이 정수기를 만드는 시간, 학교 운동장에서 모래흙을 채취하고 인근 공원에서 낙엽을 모으는 게 하루분의 수업이다. 다음 날, 바닥을 자른 페트병 속에 층층이 숯과 낙엽 자갈 모래흙을 넣고 물을 부어본다. 설명하기도 전에 물 붓기에만 정신 팔려 있는 자폐아에게 정화되어 떨어지는 물을 관찰하게 하려는 그. 엎지르고 흘리는 학생들의 페트병에 물을 부어주느라 분주한 그가 해맑은 표정으로 웃는다. 일곱 개의 색이 모두 있어야 무지개죠. 그 중 한 색이 우리 아이들이죠. 자폐아와 함께하는 열정 뒤의 검은 구멍, 눈 밝은 시청자라도 읽어내지 못한다.

팽팽한 침묵

너는 말없이 앉아 있다
또다시 일탈을 시도하고 돌아온 날

새벽녘 삐긋이 현관문을 열고 귀가한 너

들리지 않는 세상, 몸으로 듣고 싶은
넌, 밤이 되면 도심 불빛 속으로 뛰어들지
불빛의 영상은 소리의 결핍을 대신하는 것인가

너에게 세상은 충분히 고요하다
폭죽을 쏘아올리고 오토바이를 질주한다
울타리를 뛰어넘고 손목을 긋는다

언어가 없는 너에겐 오히려
바다 냄새, 산바람 냄새 배어 있을 것만 같은데

몇 날 밤, 거리를 뒹굴다가 돌아와
뉘우침의 이유를 찾아야 하는 넌

오랜 시간 벽만 쳐다보고 있다

교실 안은 침묵으로 팽팽하다

말없는 아이

나는 말없는 아이. 누군가 내게 말 걸어오면 듣고 있던 앞 문장 잊어버리기 일쑤지. 내겐 그다지 말이 필요 없지. 일 나가신 할머니가 돌아오기 전까지 내겐 컴퓨터가 유일한 친구. 오른팔이 불구인 아빠는 젊고 예쁜 아내를 말없이 보내 주었지. 요즘 들어 거울을 보면 엄마 얼굴을 만나곤 하지. 선생님은 얼굴이 예뻐도 말을 못하면 취직이 안 된다는데. 아빠처럼 돈 벌 수 없다는 생각을 하면 가슴이 방망이질 치고 겁이 나는 걸. 그럴 때면 느닷없이 완전한 문장을 쏟아놓기도 하지. 선생님과 친구들이 박수를 치는 건 아마 변성기 지난 내 목청이 제법 멋진 발성을 들려주는 때문인지도. 실은 지금이라도 젊고 예쁜 엄마 같은 선생님이 곁에 있다면 난 자꾸 말이 많아질 것만 같은데

날개 부러진 새

날개 부러진 새 한 마리
푸드득 바닥에 주저앉는다

애써 일으켜 날려주어도
날갯짓, 무리 속에 섞이지 못한 채
작은 새 가늘게 떨고 있다

집으로 돌아오던 길
어미 새 가슴속, 화인火印으로 남았다지

귀청 찢는 브레이크 소리와 함께
바닥에 널브러진 피투성이 새

그날 이후 가슴에 동백꽃은 피고
어미 새의 웃음소리 멀어져 갔다지

물살 부딪고 지나가는 징검돌에 앉아
바라본다, 절뚝이며 건너가는 눈물의 새들

멍울진 목련에 봄눈이 내려

봄눈 내린 자리 멍든 목련 피어 있다
꽃잎의 기억들 발아래 내려놓는다

난 정신지체 3급 장애 판정을 받았어요
일곱 살 때 엄마는, 아빠랑 싸우고 집을 나갔어요

살아 있으면 열다섯 되는 동생은 물 위를 걸어갔어요
동생 가고 엄마는 정신질환자가 되었어요
일곱 살 이후, 처음으로 복지원에 있는 엄마를 만났어요

아빠랑 둘이 살았어요
배 타고 나가면 한 달, 두 달 돌아오지 않았어요
라면박스, 냉동만두를 사다 놓고 가셨어요

못다 핀 꽃잎 물 위에 둥둥 떠돌고 있다
멍든 꽃잎의 여린 속살 새하얗게 떨고 있다

TV도 보고 노래도 들으면서 혼자 놀았어요
친구들은 나랑 놀아주지 않았어요
웅크리고 앉아 있는 내게 다가오던 아저씨들

목련만 한 내 가슴 만지고 빨았어요
동네 아저씨들 일곱 명이었어요
일곱 살부터 열다섯 살까지요

장애인의 날 행사

초대 귀빈들 소개가 끝없이 이어지고
공로자를 위한 시상식이 이어지고
귀빈 몇의 인사말씀이 끝나니 행사의 절반이 간다

공연을 기다리는 아이들의 목이 길게 휘어질 무렵
안내자의 도움을 받은 시각장애 소녀
지희가 무대 위로 올라선다

오래된 사진 속의 반듯한 자세를 하고
오랜 시간 비에 퉁퉁 불은 음성이 새나온다
젖은 노래는 해일이 되어 객석을 삼킨다

보이지 않는 얼굴들에게 처음으로
열어 보이는 지희의 마음이 저런 것인가 하는데
박수 소리가 쓰나미 물결로 일렁인다

어느새 텅 비어 있는 귀빈석을 향하여
청각장애 소녀들의 흰말들이 무대 위를 뛰어다닌다

아무도 듣지 않는 그들만의 언어
오늘도 주인공이 되지 못하는 그들의 잔치

대치동 사거리

전국 일등을 강요한 엄마를 살해하는 계절
수능이 끝난 후에도 아이들은
다시 논술 학원가에 내몰려지고

'귀국학생을 위한 상상력 증진' 학원을
지나 '수학은 우리가 접수한다'
이색 간판 아래를 통과하는 수험생 몇

논술 준비를 위해 상경한 듯
밤거리를 여행가방 끌며 지나간다

커피숍 유리문 밖으로
자녀를 기다리는 주차 차량이 길어질 때
암묵의 시간들도 깊어만 간다

캄캄한 독서실 구석에서
빽빽한 학원 강의실에서
빛을 등진 어린 새들이 사육되고 있다

지친 플라타너스 마른 이파리들
대치 사거리의 하늘을 활공한다
플라타너스 이파리 대여섯
보도블럭을 끌며 고시텔로 향한다

손바닥

겨울 햇살 다녀간 베란다
햄스터 한 마리, 발 빠르게 움직인다

화분 틈 구석진 곳
수북한 해바라기 껍질 위에 앉아
까맣고 작은 눈이 마주친다

해바라기 씨 몇 알
손바닥에 얹어 조심스레 내민다

손바닥 위로 올라온 햄스터
분홍빛 앞발로 씨앗 한 알 붙들어
똑똑 소리 내어 까먹는다
두 볼이 볼록해진다

학교에서 돌아온 빈집
분홍 발바닥과 체온을 나누었을
딸아이 작은 손바닥이 겹쳐 보인다

춘곤증

허공의 정주민定住民들, 오늘도 바람이 들려주는 위로보다 못한 인사를 내게 보내네요. 나는 누구의 안부도 궁금하지 않은데요

저들은 유목의 유전자를 기억하지 못하나 봐요. 타클라마칸 사막을 돌아 넘는 마른 바람결 낙타들의 거친 호흡도, 아무르 강의 밤물결 위에 쏟아지는 별들의 하염없는 숨소리도

저들은 고요히 숨 쉬는 일을 혁명의 몸짓인 양 두려워해요. 뿌리 속으로 내려간 겨울나무는 제 안에 가두었던 물기 반짝여 가지마다 어린 잎새 피어 올리는데요. 나는 자주 하품을 하고 있네요

나는 졸고 있나 봐요. 허공의 저 정주민들, 내 안에 자리 잡고 있나 봐요. 이제라도 늦은 안부 인사를 해야겠어요. 누우 떼들 두두두두 물줄기의 발목 꺾으며 급류 거슬러 오르는 그림엽서 보내야겠어요

자폐증

홀더를 여는 여자의 손놀림이 느리다
핸드폰 속 남자의 고함 소리 들린다

너 왜 간다는 말도 없이 가버리는 거야
–난 어디에 있든 그림자로 존재하거든
너 왜 인사할 줄도 모르는 거야
–그림자인 나를 알리는 일에 용기가 없어
너 왜 고맙다는 말 한마디 할 줄 모르는 거야
–모기만 한 내 목소리 듣는 일 낯설거든
너 왜 나를 무시하는 거야
–친절에 대한 적당한 거리 조절 어렵거든
너 왜 내 마음을 모르는 거야
–마음 밀려오면 헝클어지거든
너 왜 자물쇠통을 채우고 있는 거야
–아직 방을 벗어나면 말을 더듬거든
너 언제 벗어날 수 있는 거야
–내 방이 걸어 다니는 방이 된다면야
너 그때가 오기는 오는 거야

여자는 핸드폰을 귀에 대고 말이 없다

산업 폐기물

아침 출근길
빈 페트병들 버려져 있다
뚜껑 열린 콜라 오렌지 망고 사이다

아직은 깨끗한 상표를 지녔는데
누구 하나 욕심내지 않는다

빈 페트병들 아무 곳이나 몰려다닌다
버스정류장에서 산으로
산에서 집으로

하루 종일 이곳저곳 굴러다닌다
상표 뜯기고 일그러질 때까지

오학년 사반 명퇴한 콜라병이 오학년 오반 퇴직한 오렌지병에게 담배를 권하고 오학년 육반 사업 망한 망고병이 오학년 칠반 점포 접은 사이다병에게 수인사를 건넨다

출근길 페트병들
등산복 걸치고 산으로 가는 버스를 기다린다

아기 불佛

– 대원사 빨간모자 동자승

돌무더기 위에 앉아 있는 아기
빨간모자 쓴 표정 없는 돌아기

오지 않는 엄마 기다리다 표정을 잃었나
건너지 못한 강둑에 오래도록 앉아 있네

일주문 바라보며 기다리고 있구나
버림받은 엄마에게서 마지막 배웅 받으려고

몸부림치며 미궁을 떠돌았을 잊힌 핏덩이
태아 적, 모진 기억 밟고
지장보살 엄마 품에 새로 태어났구나

얼굴 없는 엄마 다녀간 뒤
불상 앞엔 아기발의 고무신 놓여 있다

아가야, 흰 고무신 신고 이젠 건너야지
아기 불 앞, 떠나지 못하는 얼굴 없는 엄마들

가만 다가와 흰 고무신 씻어놓는다
갓 목욕시킨 아기 속살 같은

제4부

에라곤

대형 화면 가득 용이 살아 움직인다
마음으로 용을 부르면 눈앞에 나타나 엎드린다

두 날개 사이에 앉아 하늘을 난다
깊은 계곡, 광활한 능선을
활주로도 계기판도 없이 박차 오른다

천오백억 들여 만든 스크린 속에는
용과 인간이 소통하는 신화가 살아 있다

인스턴트로 구매되는 상상력
백 분 동안 사용되는 판타스틱의 자유

영화가 끝나자 계곡과 능선을 휘달리던
용의 날개, 우리를 사뿐히 내려놓는다
밀집된 상가의 벌거벗은 햇살 아래

보도블럭을 밟는 두 발이 휘청거린다
구매의 시대, 발을 헛딛는다

성지순례

맹수의 서식지였을 계곡
되울리는 포효 소리 찾아 두리번거린다

가을이 건네주는 상처 난 붉은 감
새의 입술 자리에 포개어 나란히 나눠먹는다

길은 늦가을로 걸어 들어가고
드러난 흰 뼈의 계곡 건너뛰며 시린 물소리들 따라
온다

이별하기 전 마지막 붉은 내장의 혈흔
내려놓는 것들의 아우성을 접견하려는 마음에

빗속에 어깨까지 젖은 순례자들
비슷한 아웃도어를 수도복처럼 걸치고
긴 행렬을 이루는데

떠나는 것들의 심장을 만나보려 하는가

짓물러지는 가을 성지를 밟으며
몸 안에 깃든 한 줌의 가을을 키우는 시간

물소리 바람 소리 거주하는 옆방에
아무 말없이 흔적 두고 떠나온다

주차장에서 기다리는 건

간간히 비 뿌리는 주차장
시동 끈 차 안에서 널 기다린다

윈도 브러시를 작동한다
젖은 먼지를 닦아내는 반복되는 동작

빛바랜 추억을 덧칠하는 습관적인 붓놀림 같다

조수석 자리엔 주머니가 거덜 난 추억이 앉아 있다

의례적인 축하 만남을 위해
단절된 시간을 거스르며 널 기다리는 긴 오후

대형매장을 어슬렁거리는 구두가 되었다가
기어가는 도로 위의 바퀴자국이 되었다가
시간의 모래가 쌓인 주차장이 되었다가

빈 주차장에서 내가 기다리는 건

허기진 계절 나누었던 기억의 온기 같은 것

핸드폰의 신호음이 길게 울린다
희미해져 가는 추억 속으로 네가 오고 있다

오래된 풍경의 발굴

좁은 흙 계단 밟고 올라서면
활주로 같은 신작로가 펼쳐진다

소달구지 뒤를 안간힘으로 따라잡으려는
조무래기들 뜀박질 소리 숨소리 웃음소리
골목 가득 차오르더니

뻥튀기 집 검은 여왕벌이 쏟아내는
튀밥 알갱이, 하얗고 따끈한 냄새들 피어오른다

몸을 통과한 기억들이 다시 호명되는 순간들

아버지, 어린 나를 안아 올려 보여주던
능선 너머 아련한 노을빛

산등성이 타고 내려온 주황빛은 마당 지나
젖은 부엌 속 어머니 얼굴을 물들인다

담장 너머 장독대 음영들 짙어지고
붉은 노을 아래 모여 사는 낮은 지붕들
밥 짓는 냄새 흐르는 인연의 한 장소

골목을 나서는데
어두워진 거리에 홀로 버려진 발자국들
아프다 아프다 뒤따라온다

참꽃마리

그늘진 숲 속 개울가 하얗게 핀 참꽃마리
자그마한 다섯 잎의 둥근 얼굴
산 아래 자취 집에 참꽃마리 찾아오면
은은한 풀꽃 향 그저 좋았다

어느 날, 단아한 머리 풀어헤치고
햇살 타는 도시에 다녀온다는 참꽃마리
바람 속엔 참꽃마리 염문 무성하고
진한 담뱃잎 냄새 훅 끼쳐왔다

둥근 꽃잎 상하지 않기만을 바란
긴 시간 지나 벚꽃 화사한 날, 인도 유학 중
띄워 보낸 참꽃마리 편지에는

–이곳 시간은 긴긴 호수처럼 느껴집니다
–부처님 초기 설법이 기록된 팔리어는 전생의 언어 같습니다

그늘진 숲 속 개울가 참꽃마리
여러 갈래 길 지나 어디쯤 이르렀을까
꽃무리 진 흰 그늘 아래
은은한 풀꽃 향 어리어 있다

전주 천변

바람이 유채꽃 등허리를 핥고 지나간다
둔덕 아래, 낚시꾼 두엇 풍경처럼 앉아 있다

둥지 사라져 이젠 잠시 다녀갈 뿐인 이곳
오래된 시간이 맑은 물살 되어 간질이고 있다

조용한 도시, 유채 꽃잎 같았던 시간들
뾰족뾰족 새순 돋듯 환해져 온다

오래오래 물살에 발목 잡힌 채
그 자리에 앉아 있고만 싶어지는데

둥지 떠나 타지의 무거운 시간들로 덮인
천변의 바람, 유채 꽃잎 마구 흩날리고 있다

지나간 시간은 바람이다 더러는 심술이 나
여린 꽃잎의 살점 분분히 뜯어갈지라도

천변의 바람, 아리게 좋았다고
맑은 물살은 내게 넌지시 일러주고 간다

겨울해변에서

얇게 눈 덮인 해변가
발자국 없는 모래사장이 푸르스름하게 빛난다
층을 이룬 갈맷빛 산들 하늘에 맞닿아 있다

지난밤, 언어의 쓰나미 속을 통과한 일행들처럼
흐려지며 자신의 경계를 지워내는 산들 아팠을까

팽팽히 다림질 된 수면 위의 일출
물오리의 느린 움직임이 금빛 여운 속에서 반짝인다

어떤 힘이 나를 여기까지 오게 했을까
언어를 향한 자신의 걸기를 회의한다

이곳에 모인 고독한 파이터들 역시
길 없는 길을 내고 있으리라, 연민 같은
어떤 힘이 그들을 다시 몰고 가리라
쓰러짐을 허용하지 않는 자세로

모래 위에 여린 갈매기 발자국 패어 있다
방금 빠져나간 발바닥의 체온을 더듬는다
경계에 있는 자들의 불안한 겨드랑이에
팔을 끼워 넣고 싶다는 생각을 한다

갈매기 발자국처럼 언젠가는 이들도
언어의 행성에 도달하리라
모래 위에 굵은 발자국 남기리라
응답을 기대하지 않는 기도처럼

병문안

낯선 병실 침대 앞
엊그저께까지도 멀쩡하신 사돈어른
방사능 치료를 받더라도
삼 개월 남았다는데
굳은 얼굴 하고 인사를 드린다
전이된 암세포와 싸움 중인 그는
좋아하던 뜨끈뜨끈한 만두를 마다한다
웃음 가신 먼 표정으로
이쪽 세상을 넌지시 바라본다
엊그제와 전혀 다른 렌즈를 끼고
식어버린 세계를 응시한다
병실 문을 나서는데
따라 나오는 질문 하나
나도 그럴까

와온 해변에서

역광을 받아 부풀어 오른 흰 억새들
물기 마른 몸, 바람에 섞는다
서쪽 하늘 웅크린 검은 짐승의 등허리 위로
바람이 멍든 노을을 들어앉힌다
들판이 끝나기도 전에
바다가 깊숙이 들어온 마을
무채색의 땅거미가 마을을 덮는다
참게가 너른 개펄을 배회한다
지름길 없이 에돌기만 하는 걸음걸이
늪에 빠지는 법 없이
개펄에 숨구멍 뚫으며 늪을 살린다
무거운 자에게는 늪이 되는 개펄에서
마음의 바닥을 들여다본다
무성영화 필름 같은 풍경 속으로
바람이 세차게 펄럭인다
낙엽은 달리는 차의 꽁무니를
팔랑거리며 따라가고
바람에 몸을 싣는 가벼운 것들
가을의 늪에 빠지지 않는다

그런 들판

어린 인류가 버둥대며 벗어나려한 유목

가을이면 벚나무 잎새들
가장 먼저 물드는 들판

물기 거두는 투명한 햇살 바라보다
일하지 않고 하루해를 넘겨도 좋을 들판

생명의 힘 때문에 울고 있는 새들
그 결 따라 몸 안에 여울지는 슬픔의 바람결
오래 다독이며 앉아 있기 좋을 들판

철없이 조잘대는 들풀의 이름들
바람, 햇살, 초록향기
온몸 가득 들여놓고 홀로 고요해지는 들판

유목의 시간이 품고 있는
싱싱한 바람 냄새 가득한 들판

유목이란 얼마나 근원적인 삶의 형태인가

늙은 여름 햇살

폭풍은 여름 숲을 휩쓸고 지나갔다

한순간이 만든 폐허에 골몰하느라
여름 숲은 계절의 전부를 소진했다

노간주나무 가지를 비추는 늙은 여름 햇살
한 사발의 국수를 말아먹듯 짙푸른
잎사귀들 골똘히 바라본다

숱한 잎사귀들 바다로 내몰던 지난여름의 채찍질
죄 물을 수 없는 바람의 힘이라고 생각한다

바람에 꺾여진 나무줄기 일으켜 세우는 일
그에게 이젠 평생의 즐거운 노동

잔가지 흔들림이야 가벼이 허락하는
저 옹이 굵은 나무의 근육을 어루만진다

한생을 골몰한 끝에 비로소

오래된 시간이 품고 있는 유머를 닮아간다

달을 종이 안에 가두고부터

뜨거움이 새로운 땅을 만드는 곳
동물들은 위태로운 삶을 살아간다

얼음 바위에 만월이 비치는 때
곰들은 연어가 도착하는 길목을 기다려
생의 짧은 연회를 베푼다

달의 모양을 숫자로 만들어 종이 안에 가둔 이 누구
인가

달의 운행마저 자신의 식탁에 올려놓으려는 자들
신을 앞세운 왕의 권력들 수많은 축제일을 만들지

옷깃을 세운 사제들 구겨진 주일의 달을 다림질하지
금빛 은행잎들은 휴일의 달을 쇼핑카트에 담는다

옷을 갈아입어도, 목소리를 낮추어도
그들은 언제나 같은 얼굴을 하고 있다

달을 종이 안에 가두고부터
우리는 빠른 보폭으로 걷고 있다
쫓기는 자가 되고 있는 줄 모르는 채

오래된 문장

귀에 걸린 입들, 골짜기마다 검은 웃음으로 피어난다 배경이 삭제된 화면 속을 걷거나 음원이 소거된 동영상을 먼 시선으로 바라본다 공연히 바닥의 먼지를 닦거나 소파처럼 놓여 있기도 한다 오래전 질 나쁜 소문의 빵을 잘근잘근 씹어먹는다 배가 부를 때까지

불안감을 되새김하며 한 계절을 생각한다 전생의 깊이로부터 떠올랐다가 이내 사라지는 파동들을 음미한다 일상에 넌덜머리 내던 불꽃놀이 문장이 기록된 카드를 이해될 수 없으리라는 우려도 없이 부풀려 보여주었던 문장들

해독되길 원했던 욕구 일탈에의 열정들, 떠오를 수 있을 때까지 높이 혹은 깊이 그려낸 비등점의 진폭들 그것이 단 한 번의 분출이라는 것도 모른 채 마지막이라는 것도 모른 채 겁도 없는 노숙의 시절 요약되지 않는 청춘의 사전 같은 문장들

그때 펼쳐 보인 카드는 원본이었을까 얼룩이 남았다는 건 담아내지 못해 넘쳐흐른 문장들이 있었다는 것 화석으로 남은 녹슨 문장의 뼈대를 찾아 조심스레 붓질을 한다 가지마다 과부하의 바람 가득 품고 있는 허약한 뿌리의 그 투명한 줄기들이여

계절은 그걸 알고

바람은 먼 곳으로부터 집으로 돌아와
쇠락한 잎을 내려놓고 햇살은
정지된 풍경 속으로 창끝을 깊이 겨누는데

겨자색 아우터와 갈색 펌 머리의
갓 물든 낙엽 한 점 떨고 있었지

–긴 건기가 오려나 봐요
–마른 바람이 불어올 때 무슨 빛깔이었지
–구석진 자리에서 말없이 술을 마시는 땅빛
색깔의 끌림일까요

또르르 말려 있는 마른 잎들
바닥을 긁으며 굴러가고 덜컥, 가을인데

생애 처음일 성장통을 듣는 동안
손을 놓아줄 시간은 다가온다

걷지 못한 길이 아직 찬란한 시간
일렁임만으로 이 가을을 건널 수 있다면

돌아갈 수 없는 길들은 칼을 품고
지울 수 없는 금들이 모여 다시 길을 내고 있다

낙엽송 옆 가지의 갓 물든 잎새 한 점
바람에 위태로이 살랑거리는데
계절은 부질없이 오가며 그걸 알고

기차가 도착할 때까지

창밖에 승냥이 울음소리가 달라붙는다

뭉텅뭉텅 털이 빠진 몇 남은 잎새들
대합실을 머물다 휭하니 빠져나가는 바람들

출발을 기다리는 차창을 사이에 두고
연인들은 짧은 시간 웃음을 나눠가진다

캐리어를 선반에 올려주고
몇 번의 당부를 하고서야 플랫폼에 내려서는 부부
기차가 떠날 때까지 부부에게
아이는 조금 느리게 자라도 좋으련만

연인들은 어느덧
어린아이를 품에 안은 앳된 부부가 되고
늙은 부부는 다시 출발을 기다리는 아이를 바라본다

낯선 이름의, 아직 오지 않은 것들이 우리를 기다린다

그리하여 익숙해져간다
기차가 도착할 때까지

| 해설 |

명징한 프리즘으로 구축한 탈세속의 정신

박몽구 시인·문학평론가

시인을 가리키는 여러 가지 말이 있지만, 오랫동안 낡지 않는 표현을 들라면 나는 서슴없이 "시인은 나이가 들수록 어려지는 사람이다"를 고르는 데 주저하지 않는다. 이는 한국 현대시의 금자탑을 쌓은 분들 가운데 한 분인 전봉건 선생이 남긴 말이다. 이 말에는 모름지기 시인은 무엇보다도 꾸밈없는 눈으로 사상事象을 들여다보는 사람이라는 생각이 깃들어 있다.

명징한 프리즘으로 사물을 들여다보다

지천명을 넘은 박시영의 첫 시집에 수록될 작품들을 대하면서 우선 다가오는 느낌은 어린애처럼 맑은 눈을 가지고 있다는 것이다. 꾸밈없는 눈으로 세상과 사물을 들여다본 느낌을 시의 그릇에 고스란히 옮겨놓은 흔적을 만날 수 있다. 이와 함께 마치 무용수가 무대를 누비며 언어가 아닌 몸으로 말하듯, 명징한 사물언어로 풍성하게 시인의 내면을 응축해 내고 있다. 시인은 자신의 든든한 내면을 이루고 있는 고향과 몸담고 살아가는 삶의 터전을 맑고 따스한 시선으로 바라보고, 아울러 그것들의 숨은 얼굴을 심안으로 포착해 내는 무한한 힘을 보여준다.

> 한낮의 여름 햇살이 빌딩 유리벽에 칼날을 간다. 나는 큰 도로를 걷고 있다. 파리바케트 아주커치킨집을 지나 몇 발자국 앞에 뼈다귀 해장국집이 보인다. 짓무른 아스팔트 열기가 물컹 발바닥에 옮겨온다
>
> 순간, 아직 데워지지 않은 새벽바람 불어오던 골목길이 생각난다. 마음은 골목으로 들어선다. 한참 낮잠에 취해 있는 골목을 젖은 눈망울로 핥는다. 두 귀를

쫑긋 세우고 시간의 징검돌을 천천히 밟는다.

골목의 푸른 이끼에 코를 부비고, 벽돌담 사이 저 혼자 뿌리 내리고 있는 환삼 넝쿨을 건드렸다. 고인 물속 같다는 의문이 생겼지만 내가 어슬렁거려 골목이 더욱 아름답다고 믿었다. 주린 속을 흔드는 음식물 냄새에 침을 삼키면서도 쓰레기봉투는 외면했다. 아무 데서나 봉투를 찢는 도둑고양이와 비교될 수는 없었다. 가로등 불빛 아래에서 몸속 진액을 흘려 만든 체취를 찾아 영토를 확인하곤 했다. 골목은 몇 번의 털갈이를 하는 나를 키워냈다

나는 컹컹 짖으며 큰 도로를 지나 골목으로 힘차게 들어선다. 내 뒤로 뼈다귀 해장국집이 성큼성큼 따라오고 있다. 뒷발에 힘을 주어 달려본다

–「골목」

시인이 몸담고 있는 삶의 주변을 맑은 프리즘으로 들여다본 듯 명징한 이미저리가 주축을 이루고 있는 시편이다. 화자는 첫 대목에 '한낮의 여름 햇살이 빌딩 유리벽에 칼날을 간다' 는 명징한 이미지를 제시하고 있

다. 무색투명하게 시인의 판단이 유보된 문장이지만, '유리벽'과 칼날'이라는 시어를 통하여 이웃들의 사람살이가 결코 만만치 않음을 심도 깊게 암시해 주고 있다. 화자는 '파리바케트', '아주커치킨집', '뼈다귀 해장국집' 등 골목 풍경을 이루는 것들을 환유적으로 제시함으로써 동시대를 함께 살아가는 이들이 짊어지고 가는 삶의 무게를 뭉클하게 맛보게 해준다.

하지만 시의 어디에도 그 같은 감정을 겉으로 드러내어 안타까워하는 모습은 찾아보기 어렵다. 그 대신 다음 연에서 '아직 데워지지 않은 새벽바람 불어오던 골목길'을 대비시킴으로써 열사의 여름을 묵묵히 견디며 살아가는 사람들의 삶에 시원한 바람이라도 불어왔으면 하는 바람을 옮겨놓고 있다. 나아가 화자는 '시간의 징검돌을 천천히 밟는다.//골목의 푸른 이끼에 코를 부비고, 벽돌담 사이 저 혼자 뿌리 내리고 있는 환삼 넝쿨을 건드렸다. (중략) 골목은 몇 번의 털갈이를 하는 나를 키워냈다'고 언술함으로써 열사의 세상에서 물러남이 없는 골목 안 사람들이 자신의 정신적 키를 한 뼘 높이는 자양분이었다는 사실을 고백하고 있다.

또한 결구에서 '내 뒤로 뼈다귀 해장국집이 성큼성큼 따라오고 있다. 뒷발에 힘을 주어 달려본다'라고 언술함으로써 버거운 삶의 짐을 마다하지 않고 이웃들과 함께 가고자 하는 내면을 표백해 내고 있다. 세상과 사물을 따스한 눈으로 들여다보는 시인의 마음이 사물언어로 절절하게 그려진 시편이다.

이 같은 시인의 맑은 시선이 프리즘으로 명징하게 그려진 시구들은 '구슬이 둘 담긴 커다란 네모 눈에 턱선이 갸름한 송순희 만화나 머리를 양갈래 캔디처럼 묶은 엄희자 만화를 은근 기다렸지' (「만화책」), '햇살 속에서도 정처 없는/먼지는 어디에 그의 부리를 파묻나' (「발이 부르터 있구나」), '뻥튀기 집 검은 여왕벌이 쏟아내는/튀밥 알갱이, 하얗고 따끈한 냄새들 피어오른다' (「오래된 풍경의 발굴」) 등 적잖게 찾아볼 수 있다.

푸른 상흔에서 희망을 일구다

박시영의 이번 시집에는 시인 자신이 낳고 자란 바다와 개펄을 중심으로 한 고향의 삶이 원형상징으로 제시되어 있다. 비록 고향의 풍경은 오랜 그리움으로 시달린 듯 푸석한 풍경이고, 그 같은 시공간 속의 사람들의 삶은 결코 가벼운 것이 아니었지만 시인은 무한한 애정과 자부심으로 시의 그릇에 담아내고 있다.

별의 가장 아픈 곳인지 모른다

수만 년 물질에 너덜거리는
질척한 바닥의 연한 물컹거림

발길 닿는 곳마다 푹푹 무너지는
시간이 게워낸 검은 토사물이다

비릿한 몸 냄새 풍기며 뒤척이다가
여린 혓바닥 내밀어
사삭사삭 제 상처를 핥는다

우묵하고 질척한 별의 숨구멍

숨구멍마다 달빛 받아먹는 손으로
먼 곳 물길 끌어당겨 이불을 덮는다

가장 움푹 파인 상처 자국이
행성의 아픔을 말없이 위로한다

–「밤 갯벌」

위에 든 시는 시인의 고향 앞바다 풍경쯤으로 유추되는 '갯벌'을 제재로 한 작품이다. 하지만 그것은 단순히 작은 공간을 가리킨다기보다 온몸으로 이 땅을 지키고 가꿔 온 사람들의 삶의 환유라고 보아야 할 것이다. 힘든 물질을 마다않으며 갯벌을 삶의 터전으로 삼아 왔을 뿐더러 검은 흙에서 눈이 맑은 아이들을 길러 온 어버이들의 삶에 대한 엄숙한 예찬으로 읽힌다.

화자는 첫 대목에서 밤 갯벌을 가리켜 '별의 가장 아픈 곳'으로 은유함으로써 온몸으로 삶의 자리를 지켜온 이들에게 무한 애정을 바친다. 나아가 별빛을 간직하기 위하여 바닷가 사람들이 '수만 년 물질에 너덜거리는/질척한 바닥의 연한 물컹거림//발길 닿는 곳마다 푹푹 무너지는/시간이 게워낸 검은 토사물'을 마다하지 않고 살아온 연혁을 뭉클하게 드러낸다. 밀물이 들어 작은 꼬막이며 주꾸미, 참개들의 파헤쳐진 집을 덮어버리면 그만이지만, 물컹한 바다를 삶의 터전으로 삼아 어린 것들의 꿈을 벼려온 어버이들의 삶의 흔적은 지워지지 않으리라는 생각이 잘 녹아 있다.

화자는 힘든 노동을 마다하지 않으며 갯벌을 지켜 온 이들에게 섣부른 격려의 말을 뱉지 않는다. 그 대신 '우묵하고 질척한 별의 숨구멍//숨구멍마다 달빛 받아먹는 손으로/먼 곳 물길 끌어당겨 이불을 덮는다//가장 움푹 파인 상처 자국이/행성의 아픔을 말없이 위로한다' 는 명징한 이미지리의 제시를 통해, 어버이들의 온몸에 새겨진 상처가 어두운 밤을 넘어 새벽을 가리키는 길을 명징하게 가리키고 있다. 버거운 삶을 마다하지 않으며 온몸으로 지켜 온 고향 사람들에 대한 따스한 시선은 박시영 시의 한 기틀이 되고 있어 보인다. 시인은 현재적인 삶에 관심을 쏟는 것 못지않게 그의 정신의 뼈대가 되어준 것들에 대한 뿌리찾기를 통해, 오늘의 헝클어진 삶을 넘어 밝고 건강한 내일을 견인하고자 부단하게 애쓰고 있다.

섬이 살아온 흔적인 듯
모래구미 해변 바위들, 파도의 너울에
닳은 흰 뼈만 살아 꿈틀거린다

반역의 핏줄을 키운 연꽃 섬
남도 끝 외딴 자리 지키고 있다
절박한 목숨 숨어들어 피땀으로 일군 땅
오랜 시간 항쟁의 세월이 키워 낸
정신의 텃밭이런가

–「하의도」 부분

여름의 끝 무렵, 울창한 유실수 그늘 아래를 뛰어다닌다. 정원의 나뭇잎을 흔드는 바람이 가슴을 뚫고 지나간다. 연못의 붉은 물고기 지느러미 따라 내 몸이 흔들린다. 목재 미닫이창을 열고 복도에 걸터앉아 바닥에 닿지 않는 두 발을 앞뒤로 연신 흔들어본다. 선창가 일본집, 푸른 기억 속으로 지금도 이사를 간다

—「이사」 부분

수면 위로 솟구치기까지, 지느러미에
날개 뼈 심는 고통쯤이야

허깨비 같은 몸짓으로
결국 바다 떠나지 못하는 바닷새

그 울음들이 오월 바다를
뿌리째 출렁거리고 있다

—「바닷새」 부분

바다를 둘러싼 사상이 제재가 되어 있는 시편들을 시간대 순으로 들어 보았다. 박시영에게 '바다'는 그를 낳아준 어머니이며 나아가 신산의 삶을 회피하지 않은

채 온몸으로 타고 넘는 원천이며, 오늘의 그의 삶이 어려움에 부딪칠 때마다 딛고 일어서는 무한한 격려자로 원형상징되어 있음을 위의 시들이 잘 말해 주고 있다.

먼저 든 「하의도」에서는 파도로 상징되는 그릇된 역사에 순응하지 않고 살아 있는 정신으로 대적한 섬사람들의 삶이 형상화되어 있다. 화자는 남도 끝자락에 자리 잡은 작은 섬을 가리켜 '절박한 목숨 숨어들어 피땀으로 일군 땅/오랜 시간 항쟁의 세월이 키워 낸/정신의 텃밭' 이라고 은유하고 있다. '피땀으로 일군 땅' 과 '정신의 텃밭' 을 병치竝置함으로써, 작은 섬을 묵묵히 지켜 온 사람들이야말로 바른 역사를 지켜 온 참주인공이라는 사유를 드러낸다.

다음에 든 시는 시인의 정신적 뼈대를 키워 온 유년의 마당이 된 목포의 선창을 공간적 배경으로 삼고 있다. 시인이 유년 시절 새로 이사 간 집은 일본인들이 버리고 간 적산 가옥으로 '앞마당 잔디 사이 듬성듬성 놓인 징검돌을 건너면 대추나무 아래 작은 연못의 청록색 물살이 수런거' 리는 공간으로 묘사되어 있다. 이것은 수려한 경관 못지않게 아버지 세대가 피와 땀을 쏟아부어 오욕된 역사를 청산하고 되찾은 공간이라는 의미를 띤다. 아버지 세대가 상처를 마다하지 않고 되찾아

주어 '울창한 유실수 그늘 아래를 뛰어다' 닐 수 있게 해 준 공간은 어머니의 품같이 넉넉한 안식과 평화의 세계이다. 라캉의 상상계the imagenary)와 같이 비록 좁고 누추하지만 더없이 행복한 터전인 셈이다. 화자가 결구에서 넓고 비싼 집이 아닌 '푸른 기억 속으로 지금도 이사를 간다' 고 언술하고 있는 것은 그 같은 사유의 연장선상에 있다 할 것이다.

세 번째 든 시편에 등장하는 '바닷새' 는 시인의 현재적 분신이라 할 것이다. 건너기가 결코 쉽지 않은 깊고 넓은 대양이라는 세상 앞에 화자는 직면해 있다. 작은 날개로는 넘기에 버거운 파도이지만 화자는 절망하지 않는다. 화자는 '허깨비 같은 몸짓으로/결국 바다 떠나지 못하는 바닷새//그 울음들이 오월 바다를/뿌리째 출렁거리고 있다' 고 언술함으로써, 신난으로 가득 찬 세계에서 벗으려 애쓰기보다 함께 호흡하며 앞으로 나아가야 하리라는 내적 결의를 다지고 있는 셈이다.

세속 도시의 일탈자들을 감싸는 시선

박시영의 내면세계를 이루는 씨줄과 날줄이 되어 있는 이 같은 세계와 함께, 이번 시집의 또 다른 축을 이루고 있는 시편들은 세속 도시의 변두리에서 살아가고 있는 사람들을 제재로 하여 구축되어 있다. 식생이 살아 숨 쉬는 논밭과 숲을 깔아뭉개며 날로 팽창해 가는 세속 도시에 대한 준열한 비판과 함께, 오직 자신의 땀을 지렛대로 하여 소박한 삶을 꾸려가는 이들에 대한 깊은 애정이 형상화되어 있다.

미개발지역 공터에
바람막이 집 한 채 서 있네

흐린 백열등 아래
아버지, 무릎 접고 앉아 계시네
온종일 구름 연기 피워 올리시네

부엌문 새로 어머니
식은 구들에 연탄불 피우시네
이정표도 없이
매운 연기 가득한 집
콜록콜록 기침을 하네

집 밖의 어둠, 저 혼자

길을 내고 있는 줄 모르는 채
어머니, 식구들 피 묻은 옷
혼자 빨고 계시네
길 없는 진흙을 밟으며 걸어 들어가네

－「이정표 없는 집」

개이지 않은 날씨
오늘은 물기 젖은 바람이 분다
아비는 치매가 들어
하릴없이 바짓단을 자르고
어미는 백내장의 눈 껌벅이며
가난한 세월에 젖는다
(중략)
병든 잎사귀들 쏟아진다
부러진 잔가지
흩뿌려진 나뭇잎들
바람의 눈이 지나간 자리
나뭇잎들 토해 놓은
초록 통증 더욱 선명하다

－「바람의 눈」 부분

앞의 든 시의 표제가 암시하고 있듯, 겉으로 화려하고 풍요로운 도시는 번지마저 가질 수 없는 사람들을 양산하고 있다. 화자는 아버지와 어머니를 서정적 자아로 채택함으로써 피땀 흘리기를 마다않으며 바닥을 지켜온 이들이야말로 세속 도시의 근간을 이룬 주인공이라는 사유를 함축하고 있다. 화려한 도시의 불빛을 온몸을 바쳐 일궈 왔음에도 불구하고 정작 그 주인공들은 '흐린 백열등 아래/아버지, 무릎 접고 앉아 계시'고, '부엌문 새로 어머니/식은 구들에 연탄불 피우시네/이정표도 없이/매운 연기 가득한 집/콜록콜록 기침을' 한다고 언술함으로써 오염된 자본의 그늘 아래 주소마저 갖지 못하는 현실을 통렬하게 비판하고 있다.

이번 시집의 표제작이기도 한 뒤의 시편은 그 같은 세속 도시가 철저하게 파괴와 죽음으로 일관되어 있다는 인식을 담고 있다. 화자는 시어 전반부에서 인간다운 삶을 박탈당한 이들의 삶을 묘사하고 있다. '오늘은 물기 젖은 바람이 분다'라고 서두를 뗌으로써 계절을 거슬러 숨쉬기 어려운 공기에 휩싸여 있는 세속 도시의 현실을 그려낸다.

그러나 시인은 단순히 도시 변두리에 던져진 사람들의 열악한 처지에만 주목하지는 않는다. 그것보다는 아름다운 자연과 식생이 괴멸되어가는 모습을 이중구조로 제시함으로써 그것이 얼마나 비정하고 문명을 퇴보시키는 일인가를 설득력 있게 보여주고 있다. 즉 뒷부분에서 '병든 잎사귀들 쏟아진다/부러진 잔가지/흩뿌려진 나뭇잎들/바람의 눈이 지나간 자리/나뭇잎들 토해 놓은/초록 통증 더욱 선명하다' 고 언술함으로써, 도시의 바람이 몰고 오는 죽음의 공기는 인간뿐만 아니라 사람이 딛고 선 자연마저 병들게 하는 일이라는 시각을 분명히 하고 있다. 인상적인 것은 그 같은 사유들이 직설이 아닌 잔잔하고도 명징한 사물언어를 통해 구현되어 있다는 점이다. '나뭇잎들 토해 놓은/초록 통증' 등의 대목은 그 같은 박시영의 화법을 잘 대변해 준다.

이와 같은 시각에서 이번 시집에서는 비뚤어진 장애인들의 현실을 제재로 삼은 상당수의 시편들을 만날 수 있다. 시인 자신이 특수교육을 전공한 사람이면서 일선 교육 현장에서 다년간 어려운 처지에 놓여 있는 제자들을 도야하고 있는 데서 건진 시편들로 보인다. 소재 면에서 우리 시에는 지극히 드문 분야의 소재들을 견인해 내고 있다는 점에서 주목이 가지 않을 수 없다.

멋진 깃털을 가지고도

앵무는 제대로 날지 못한다

창가 감옥 속 우두커니 앉아
지루한 햇살을 말벗 삼는다

한 줌 곡기로 때우듯 식사하고
햇살 속에 앉아 잠깐 쪽잠을 청한다

장기 위탁시설에 보낼 수도
집에서 돌볼 수도 없는

관절염 앓는 앵무, 세상을 향한
앵무의 유일한 창은 내 어깨다

전화 신호음이 어깨 위로 날아와 앉는다
병원 가셔야 된다고요, 시장 돌아보시고
싶다고요, 미용실 가시고 싶다고요

노모의 무거운 시계추
앵무의 세월을 왕복하고 있다

–「앵무를 키운다」

섣부르게 시설에 유폐되어 인간다운 삶을 박탈당한 치매 노인의 현실을 제재로 삼은 작품이다. 하지만 열악하고 치유와는 반대로 치닫는 현실에 대한 직설적인 언급은 배제되어 있다. 그 대신 '앵무'를 통해 환유함으로써 생경함에서 벗어나면서 시적 깊이를 뒷받침하고 있다.

첫 부분에서 '멋진 깃털을 가지고도/앵무는 제대로 날지 못한다'고 언술함으로써 겉으로 그럴듯한 외양을 갖추었지만 인간다운 삶을 박탈당한 채 쳇바퀴 돌듯 한 삶을 강요당해야 하는 현실을 알레고리화해 놓고 있다. 이 시에 등장하는 '감옥', '쪽잠', '시계 추' 등의 시어들은 의지가 박탈된 채 반복과 순환의 삶에 갇혀 있는 당사자들의 현실을 조명하는 한편, 역으로 사회적 무관심의 차가운 심연을 드러낸다. 이항대립어로서 그 대척점에 놓여 있는 '전화 신호음', '시장', '미용실' 등의 시어들은 넓은 세상과의 소통을 통해서만 소외된 이들을 얽매고 있는 고리가 풀릴 수 있다는 사유를 드러낸다.

몸통을 감싸며 흘러내리는 투명한 날개
금방이라도 파르르 비상할 듯 팽팽한데

출구 없는 방충망에 달라붙어
이 여름밤, 어느 강을 건너는지 비틀거린다

그를 위해 가만 가만 방충망을 열어둔다
날카로운 울음 떨구고 휙, 날아간다

―「매미」 부분

너는 말없이 앉아 있다
또다시 일탈을 시도하고 돌아온 날

새벽녘 삐긋이 현관문을 열고 귀가한 너

들리지 않는 세상, 몸으로 듣고 싶은
넌, 밤이 되면 도심 불빛 속으로 뛰어들지
불빛의 영상은 소리의 결핍을 대신하는 것인가

너에게 세상은 충분히 고요하다
폭죽을 쏘아올리고 오토바이를 질주한다
울타리를 뛰어넘고 손목을 긋는다

(중략)

교실 안은 침묵으로 팽팽하다

—「팽팽한 침묵」

박시영은 위에 든 두 시편에서도 세속 도시의 안위만을 위해 자행되는 유폐의 현실을 지적하면서, 소외의 극복은 눈에 보이는 물질이나 시혜가 아닌 열린 세계의 공유라는 점을 분명히 하고 있다.

앞의 시에서 화자는 '몸통을 감싸며 흘러내리는 투명한 날개/금방이라도 파르르 비상할 듯 팽팽한데//출구 없는 방충망에 달라붙어/이 여름밤, 어느 강을 건너는지 비틀거린다' 라고 언술함으로써 겉으로는 활기로 충전되어 있지만 한계 그어진 삶을 꾸려갈 수밖에 없는 삶에 직면한 이들의 삶을 알레고리하고 있다. '투명한 날개' 와 '방충망' 의 대비는 겉과 속이 사뭇 다른 현실을 포착한 사물언어이다.

뒤에 든 시는 시인이 몸담고 있는 교육 현장의 현실을 소재로 삼고 있다. 제목이 강하게 암시하고 있듯이 침묵을 강요하고 교실에 가두는 방법으로는 인간다운 삶의 회복될 수 없음을 설득력 있게 들려주고 있다. 화자는 '들리지 않는 세상, 몸으로 듣고 싶' 다고 언술함으로써 교실에서 소외된 서정적 자아가 얼마나 세상과의 소통을 소망하고 있는지를 말하고 있다. 나아가 '밤이 되면 도심 불빛 속으로 뛰어들지/불빛의 영상은 소리의 결핍을 대신하는 것인가' 라는 설유를 통해, 장애아들의 일탈이 단순한 탈선을 넘어, 제도가 그어 놓은 단절을 극복하려는 시도라는 점을 설득력 있게 보여준다. 결국 강요된 침묵을 넘어 세상과 참다운 소통의 통로를 열어 주는 일이야말로 인간다운 삶을 돌려주는 일이라는 사유를 시의 그릇에 담아 놓았다.

같은 계열의 작품들 속에 담겨 있는 '애써 일으켜 날려주어도/날갯짓, 무리 속에 섞이지 못한 채/작은 새 가늘게 떨고 있다' (「날개 부러진 새」, '너 왜 간다는 말도 없이 가버리는 거야/ 난 어디에 있든 그림자로 존재하거든' (「자폐증」) 등의 시편에서도 그 같은 사유가 확장되어 가는 모습을 읽을 수 있다. 언뜻 기존 시의 문법들과는 어긋나는 시편들이지만, 박시영만의 체취가 생생하게 다가온다.

이제까지 박시영의 첫 시집에 실린 시편들을 중심으로 그의 시세계를 일별해 보았다. 그는 부모 세대의 인간다운 삶을 향한 지난한 몸부림으로 가득한 유년 시절 바닷가의 기억을 원형상징으로 하여, 거짓 없이 자연 속에서 피와 땀 마다하지 않으며 살아가는 이들이야말로 역사의 참된 주인공이라는 인식을 형상화하고 있다. 또한 그 같은 원형상징과 세속 도시의 뒷골목에서 살아가는 이들, 마찬가지로 인간적인 삶을 박탈당한 채 유폐를 강요당하고 있는 소외자들의 삶을 연결 지음으로써 인간다운 삶에 대한 시적 사유를 펼치고 있다.

그런 점에서 제재나 주제만으로는 매우 무겁게 보이지만, 박시영은 직설법을 말끔히 청산한 위에 명징한 이미지가 동반된 사물언어를 채택함으로써 그만의 시적 화법을 구축하고 있다. 꾸밈없는 시선이 깃들어 있는 시적 프리즘과 더불어, 주제와 기법을 한자리에 놓을 줄 아는 시인임을 각인시키고 있다. 또한 일선 교육현장에서 소외된 아이들을 도야하고 있는 사람으로서 그만의 독특한 시적 영역을 선보이고 있는 점에도 주목이 간다. 앞으로도 더욱 이 분야에서 시적 역량을 갈고 닦을 필요가 있어 보인다.

이번 시집에서 특히 어린아이 같은 꾸밈없는 눈으로 사상을 들여다보는 심안과 각박한 현실을 생경하게 노출하지 않고 환유와 알레고리로 포착해 내고 있는 점에 주목이 간다. 단지 몇몇 시편들에서는 시적 압축이 풀어지고, 현실이 그대로 진술되기도 하는 게 산견된다. 앞으로 사물언어를 바탕으로 더욱 긴밀하고 명징한 함축의 언어를 구축하여, 우리 시단의 의미 있는 일가를 이루기 바란다.

박시영

1962년 해남에서 태어나 목포에서 자랐으며 단국대 특수교육학과를 졸업했다. 2007년 『시와 상상』신인상에 「달빛」 외 2편으로 등단했다. 현 광주동명중학교 교사이자 광주대 문예창작과 박사과정 재학 중이다.

e-mail dorazi43@hanmail.net

문학들 시선 022

바람의 눈

초판1쇄 찍은 날 | 2013년 4월 12일
초판1쇄 펴낸 날 | 2013년 4월 23일

지은이 | 박시영
펴낸이 | 송광룡
펴낸곳 | 문학들
등록 | 2005년 8월 24일 제2005 1-2호
주소 | 501-841 광주광역시 동구 학동 81-29번지 2층
전화 | 062-651-6968
팩스 | 062-651-9690
전자우편 | munhakdle@hanmail.net

ⓒ 박시영 2013

ISBN 978-89-92680-71-4 03810

· 잘못된 책은 바꿔드립니다.
· 이 책 내용의 전부 또는 일부를 재사용하려면
반드시 저작권자와 문학들의 동의를 받아야 합니다.
· 책값은 뒤표지에 표시되어 있습니다.